Aran de Shahdad

FEMME, VIE, LIBERTÉ !

IRANIENNE

À toutes les « Raya » d'Iran.

À leur force et à leur inextinguible soif de liberté.

Ce roman graphique que vous tenez entre vos mains est un miracle.
Il n'aurait jamais dû exister.

Aran de Shahdad, qui vit en Iran, avait toutes les raisons de rester sagement muette. Pour avoir juste osé témoigner de la cruauté et de l'absurdité de ce régime envers les femmes et encore plus envers les lesbiennes et les homosexuels, elle a pris le risque de finir en prison, voire pire.

Son courage n'a cessé de me guider pendant ces deux ans de travail.

J'ai conscience que ce modeste ouvrage ne changera pas fondamentalement les choses. Mais je ne doute pas qu'il éveille quelques consciences.

Cela, c'est exactement ce que détestent les mollahs et autres gardiens de la révolution.

Et moi, ça me va plutôt bien.

Éric Darbré

ÉRIC DARBRÉ • ARAN DE SHAHDAD • ZAINAB FASIKI

IRANIENNE

MARAbulles

TÉHÉRAN, LA FIÈRE CAPITALE DE LA RÉPUBLIQUE ISLAMIQUE D'IRAN. PORTE D'ENTRÉE MAJESTUEUSE POUR TOUT VOYAGEUR AVIDE DE DÉCOUVRIR LES MYSTÈRES DU MONDE PERSIQUE.

TU PARLES... AVEC SES QUELQUE 10 MILLIONS D'HABITANTS, ELLE EST SURTOUT RÉPUTÉE POUR SA POLLUTION ET SES EMBOUTEILLAGES.

AU MILIEU DE CETTE FOULE,
IL Y A MOI.
JE M'APPELLE RAYA. J'AI 19 ANS.
COMME TOUS LES MATINS DE LA
SEMAINE, JE SUIS À LA BOURRE.

ÇA, C'EST MON LYCÉE. UN ÉTABLISSEMENT PRIVÉ. L'UN DES MEILLEURS DE TÉHÉRAN.
دبیرستان دخترانة
JE SUIS EN ANNÉE DE PRÉPA. À LA RENTRÉE, SI TOUT VA BIEN, JE SERAI EN FAC D'ART DRAMATIQUE. JE VEUX TRAVAILLER DANS LE MONDE DE LA CULTURE.
COMME PARTOUT AILLEURS DANS LE PAYS, L'ÉCOLE EST NON MIXTE. C'EST AINSI DE LA PRIMAIRE À L'UNIVERSITÉ.
TOUTES LES ÉLÈVES SONT ISSUES DE LA GRANDE BOURGEOISIE, L'ÉLITE DE LA NATION.
TOUTES, SAUF MOI...

Il se passe quoi ?! Pourquoi vous êtes toutes au garde-à-vous ?
C'est encore un contrôle de l'autre peste ?
ET MERDE, ELLE NE VA PAS ME LOUPER !

Dans une semaine, c'est la remise des diplômes de fin d'année...
... Je suis la garante du respect des lois islamiques dans cette école.
Mesdemoiselles, retirez vos voiles et montrez vos mains !
Je suis foutue !

Wow, les mèches et la nuque rasée... T'as vraiment osé ?!
Je ne tolérerai aucune infraction aux préceptes de notre foi...
Pas de piercings, pas de sourcils épilés, pas d'ongles vernis !
Et, évidemment, pas de coupes de cheveux indécentes !

Raya!!! Je t'avais prévenue. Pas de ça dans mon établissement!
Je m'en fous... Je déteste cette école. Virez-moi!
Mona... Sois pas triste. J'ai fait ça pour toi. Rien que pour toi!!!

CETTE SUPERBE FILLE QUI A L'AIR SI GÊNÉE FACE À MON SHOW, C'EST L'AMOUR DE MA VIE.
ENFIN, PEUT-ÊTRE PAS DE TOUTE MA VIE, MAIS DU MOMENT. ÇA, C'EST SÛR !
REGARDEZ-LA AVEC SON PETIT AIR SUPÉRIEUR DE PÉTASSE FRIQUÉE. LA CLASSE, NON ?! C'ÉTAIT PAS GAGNÉ QU'ELLE SORTE AVEC MOI.
EH OUI, JE SUIS LESBIENNE. PUNK ÉGALEMENT. AUTANT VOUS DIRE QUE JE N'AI PAS CHOISI LA VIE LA PLUS FACILE DANS CE PUTAIN D'IRAN DES MOLLAHS.

QUELQUES HEURES PLUS TARD, DEVANT LE LYCÉE DE RAYA.
دبیرستان دخترانه
Eh, Mona !
Ah, c'est toi, Raya ?! La dirlo ne t'a pas exclue ?
Juste pour la journée. Heureusement, tu es là.

Mais... t'es complètement folle !!! Tu fais... ça... en public !!!
Tu as raison, excuse-moi. Tiens, reprends ton voile, je l'ai fait tomber.
Si la police des mœurs nous avait vues ?! Tu sais ce qu'ils font à des filles comme toi ?...
Comment ça « comme moi » ? Tu veux dire une sale gouine ?
Ne recommence pas, s'il te plaît !

Mais tu en es une aussi, ma chère. T'aimes bien quand je la bouffe, ta petite chatte...
Détends-toi. Regarde, pas de flics à l'horizon. Juste les bons gros mateurs et les pervers habituels qui traînent autour du lycée.
Elle t'a dit quoi, la directrice ?
C'est à cause de ta nouvelle coupe, hein ?!
Yep... Je ne suis qu'une sale dépravée, contaminée par ces porcs d'Américains.
MORT À L'AMÉRIQUE

Tiens, admire !
Trop cool, non ?!
Cache ça !!! Tu tiens vraiment à finir en taule.
Y a bien que dans ce pays de dingues qu'une femme peut être arrêtée juste parce qu'elle ose montrer ses cheveux en public.
PATROUILLE DE GUIDAGE
Alors que les politiciens véreux, eux, ils piquent tout le fric qu'ils veulent...
Ne compte pas sur moi pour aller sur ce terrain ! Parle moins fort, s'il te plaît.

Ohhhh, madame la gosse de riche aurait peur que le bas peuple apprenne la vérité.
FERME-LA !
Ça t'excite de jouer la rebelle !
Moi, c'est terminé ! Je refuse de foutre ma vie en l'air.
Et pourquoi tu la foutrais en l'air ?!!
Mais à cause de toi, de tes baisers en public...

ATTENDS, JE FERAI ATTENTION. PROMIS !!!
Écoute, j'ai la solution : on se barre, définitivement. Toi et moi.
Parce que tu en as les moyens ? Tu oublies que tes parents n'ont pas un rond.
Arrête de rêver.
Au fait, j'ai oublié de te dire, ma famille m'envoie à Dubaï cet été.

Quoi ?!! Et nos vacances ensemble ?!!
T'as rien compris. C'est fini entre nous !
Et pour la rentrée, je suis prise dans une université au Canada.
Je t'en prie, ne me fais pas ça.
Tu vas moisir en Iran toute ta vie.
Regarde ton avenir en face... Il est déjà tracé...
Tu finiras soit vieille fille, soit mariée de force à l'un de tes voisins ou un de tes cousins.
TAXI
۲۲ ت ۶۷۵۱۱

Tu n'as rien d'exceptionnel, ma chérie.
Tu n'es qu'une Iranienne comme des millions d'autres.
TAXI
JE M'APPELLE RAYA, JE SUIS JEUNE, JE SUIS LESBIENNE, J'AIME BOIRE DE L'ALCOOL ET FAIRE LA FÊTE.
ET JE VIS EN IRAN.
AH, J'OUBLIAIS, JE VIENS DE ME FAIRE LARGUER.
BIENVENUE DANS MA VIE !

METRO
MONA N'A PAS TORT SUR UN POINT.
SI TU N'ES PAS BIEN NÉE, ÊTRE UNE FEMME EN IRAN,
ÇA VEUT DIRE QUE TU DOIS TE BATTRE...
Femmes Seulement
واگن ویژه بانوان
... EN PERMANENCE.
JUSTE POUR EXISTER.
ESSAYER D'EXISTER.

MAIS HORS DE QUESTION QUE JE BAISSE LES BRAS.
QUE JE RENTRE DANS LE MOULE.
REGARDEZ CES « BONS CITOYENS » COMME ILS ME JUGENT ! JUSTE À CAUSE DE MES CHEVEUX.
ILS PEUVENT BIEN DIRE CE QU'ILS VEULENT DE MOI, JE NE LES ENTENDS MÊME PAS.

MAMAN !!!
ATTENDS, JE VAIS T'AIDER...
Je t'ai déjà dit que c'était trop lourd pour toi.
Ton école m'a appelée... Tu as recommencé !

Mais qu'est-ce que j'ai fait pour mériter ça ? Pourquoi Dieu me met-il à l'épreuve ? Ne suis-je pas une bonne croyante ?
Ne dis pas de bêtises, tu es l'incarnation de la parfaite musulmane.
Les Mollahs devraient te décerner une médaille.
Tu es exactement comme ton père.
Il m'a fait tellement souffrir.
Et maintenant, c'est ton tour.

MA PAUVRE MÈRE, ELLE N'ARRIVE PAS À ME COMPRENDRE...
JE NE PEUX PAS LUI EN VOULOIR. LE JOUR OÙ ILS M'ONT ANNONCÉ LEUR DIVORCE, J'AI VRAIMENT DÉCONNÉ...
TROIS ANS PLUS TÔT.
Ma petite Raya... On a quelque chose à t'annoncer, ton père et moi.

Tiens, prends une chaise et assieds-toi.
Vous vous séparez, hein, c'est ça ?!
Je suis désolée, Raya.
Oui...
Moi aussi, j'ai quelque chose d'important à vous dire...

Ah ?... Et qu'est-ce que c'est, ma puce ?
Vas-y! On t'écoute.
Je crois que j'aime les filles...

LESBIENNE !
DANS L'IRAN DES AYATOLLAHS !
POURQUOI A-T-IL FALLU QUE JE LEUR BALANCE ÇA À CE MOMENT-LÀ ?!
MAMAN, TU ÉTAIS EFFONDRÉE.
TU COMPTAIS DÉJÀ LES COUPS DE FOUET QUE J'ALLAIS RECEVOIR DE LA POLICE.

LA LOI EN PROMET 100 POUR TOUT ACTE SEXUEL ENTRE FEMMES.
ET MÊME LA PEINE DE MORT S'IL Y A RÉCIDIVE.

ALORS, IL FAUT SE CACHER, AVOIR PEUR TOUTE SA VIE, TRICHER, MENTIR...
ET ÇA, MOI, JE M'Y REFUSE !

Je suis désolée, maman. Je sais que je te déçois et ça me brise le cœur.
Pourquoi est-ce si terrible pour une femme de montrer ses cheveux ? Qu'est-ce que ça peut lui foutre au bon Dieu ?
Ah, ne recommence pas!
Pas de blasphème dans ma maison!
On ne peut rien dire, ici!
Un jour, il t'arrivera malheur, on t'arrêtera et je ne pourrai rien faire pour te sauver...

Ne pars pas !
Je te parle, jeune fille.
Tu dois comprendre qu'il te faut trouver un mari...
Si tu restes célibataire, tu n'auras pas de travail, pas d'amis. Tout le monde te rejettera.
Tu te condamnes à une vie de paria.

DE PARIA...
TU FINIRAS SEULE.
SEULE !
SEULE !!!

TOC-TOC-TOC
Qu'est-ce qu'ils foutent ?... Ils m'ont pourtant dit qu'ils seraient là.
C'EST MOI, RAYA. OUVREZ !!!
Moins fort, tu veux ameuter tout l'immeuble ?!
Personne t'a suivie, au moins ?!
Si, bien sûr. La police arrive...

Stop ! On ne bouge plus !
C'est quoi ces mèches violettes ?
PEACE
REGARDEZ ! Elle l'a fait... enfin...
Elle est devenue une vraie rebelle !

C'est bon...
Lâche-moi, Hoda, j'suis pas d'humeur.
Arrête de la taquiner, ma chérie.
Tu vois bien que notre Raya a passé une mauvaise journée.
Encore une fois...
Pauvre petite ! Encore tes histoires de cœur avec l'autre pouf...
On t'a déjà dit qu'elle n'était pas faite pour toi.
Cette sale bourgeoise n'assumera jamais de kiffer les filles.

Si elle se fait arrêter, elle n'hésitera pas à te dénoncer aux barbus pour sauver ses miches, c'est sûr !
Putain, elle sait que je suis gay. Elle va le répéter à tout le monde.
Dis pas ça, Kian ! Et puis, c'est terminé entre nous On vient de casser…
Tu n'ignores pas ce qu'ils réservent aux homosexuels ?
La mort !
Ça suffit !
Kian est nerveux. Ce matin, la police l'a convoqué. Encore une fois.
C'est à cause de son boulot d'interprète pour les journalistes étrangers.

Je ne comprends pas... C'est pourtant légal son taf, non ?!
Bien sûr... Il s'est même enregistré au ministère de l'Intérieur pour avoir le droit de travailler avec des étrangers. Mais...
Mais, ces abrutis de flics sont paranos et pensent que tous les Occidentaux sont des espions.
Et moi, cette pression, j'en peux plus !!!

Kian, attends ! Ne pars pas !
KIAANN !
Bordel, fais pas l'idiot !
Regardez, elle n'a pas de voile !!!
TES CHEVEUX... VITE !!!

Merci, mais je n'ai pas besoin d'être protégée.
Au contraire, on a tous besoin de se protéger mutuellement. Regarde autour de nous.
Ces gens, ce système, ce monde entier nous rejette et ne nous ressemble pas.
Tous, ils nous détestent.
Heureusement, on est plus malins qu'eux. Pour survivre, il suffit de faire semblant.

Laisse-moi te montrer comme je fais bien l'Iranien viril.
Toi, la faible femme, je t'ordonne de te soumettre à ma volonté !
Je te ferai des tas de gosses.
Et je leur apprendrai à craindre Dieu et à suivre les règles obscures d'un bouquin écrit il y a plus de 1000 ans.
Oh, oui, plein d'enfants. Surtout des garçons car les filles, ça ne sert à rien.
Qu'est-ce que j'entends ?! Bande de mécréants !!!

C'est moi... Tu as eu la frousse, hein ?!
De toute façon, tu seras précipité au fin fond des ténèbres, petit pédéraste.
Voilà tout ce que tu mérites.
Vous nous avez fait courir tous les deux.
On tient à vous. Et moi, tout particulièrement à toi, ma belle.
Hep, on se calme avec les baisers. Je suis du genre jalouse.

Hoda, c'est ma meuf !
Et j'emmerde tous ces fous de Dieu si ça les gêne.
Comment osez-vous ?
Mince ! Je ne l'avais pas vue. Tu crois qu'elle m'a entendue ?
Prévenez la police...
LA SALOPE, ELLE NOUS DÉNONCE... VITE, IL FAUT PARTIR !

Des dépravés.
Des pédérastes.
Elles se sont embrassées ...
C'est scandaleux !

Tu fais quoi ?! C'est pas le moment de se reposer.
Allez, viens ! Grouille-toi !
J'en peux plus... Pas de souffle... Crevé...

Quel sportif ! Toi, t'as vraiment aucune chance de t'en sortir.
Ça va, j'ai compris. Abandonnez-moi, mes amis, je finirai en martyr de cette dictature.
T'es décidément super con, Kian.
Ça ne me fait pas rire du tout. Vous croyez qu'on les a semés ?
Ils sont bien trop gros et trop vieux pour nous rattraper.
Allez, oublions-les. Ce soir, je vous emmène au paradis.

Raya !... Ouvre ! Tu loupes la fête.
Ouah, la tête, ma chère... T'es raide défoncée !
Laissez-Moiiii... Je veux crever !

Je t'avais dit de pas faire de mélanges. Ce whisky de contrebande, c'est du poison.
Eh, Kian, chéri, tu nous rejoins ?
Je t'adore, man ! Ta party défonce tout !!!
Ça va aller ? T'as pas l'air bien.
Détends-toi, tout est permis, cette nuit. Le proprio a des amis haut placés.

Seuls les puissants et les magouilleurs ont le droit de vivre normalement dans ce pays.
Et alors ?... À nous d'être malins et de profiter du système.
Garde ton cynisme, ça ne m'intéresse pas.
Hors de question que je participe à cette mascarade.
Il faut que je respire, vite.
De l'air !
DE L'AIRRR !!

♫
Ha ha!
Ha ha ha!

Si t'es si triste, c'est à cause de Mona, hein ? Elle t'a brisé le cœur.
Ce n'est pourtant pas ta première déception amoureuse.
J'en arrive à me demander si les gens comme nous ont le droit de vivre sur cette planète ?

Franchement, je ne sais pas.
En Iran, c'est sûr que non.
Tu pars déjà ?!
Ça ne fait que commencer, MMM...
?
Amuse-toi, ma beauté.
Moi, je n'y arrive plus !

Ce soir, j'ai compris une chose.
Puisque je n'ai aucune chance de trouver ma place ici...
Je vais partir, loin.
Le plus loin possible de cette prison à ciel ouvert.
Mais avant, j'ai quelques comptes à régler.

TROIS JOURS PLUS TARD, AU LYCÉE DE RAYA.
Pardon, pardon, poussez-vous...
T'abuses... Tu ne peux pas rester derrière ?
Même le jour de la remise des diplômes, il faut que tu te fasses remarquer.

Mona... ma chérie... J'ai une surprise pour toi.
Hein ?!
Quoi ?
Mais lâche ma main !
Il est temps de révéler notre amour au grand jour.
Je crois que je vais me sentir mal.

UNE HEURE PLUS TARD.
Hé, ma beauté, attends...
Tu as oublié ton soutif chez moi. Regarde, je te l'ai rapporté...
Encore elle ! T'as besoin d'aide pour régler ça ?
Non, je gère. Je vais la calmer...

Rester vierge jusqu'au mariage... Mais jamais de la vie ! Moi, cet été je compte bien...
DEHORS !
IMMÉ-DIATEMENT !
Mais pour qui elle se prend ?!...
Désolée, les filles. Je crois que je l'ai contrariée.

C'est bon, Mona, il n'y a plus personne.
Juste toi et moi.
Bon alors, accouche ! Pourquoi toutes ces précautions ?
J'ai compris ton petit manège. Tu te venges parce que je t'ai larguée. Tu veux que la directrice annule mon diplôme, c'est ça ?
HMMM, c'est une bonne idée... Imagine ce qu'il t'arrivera si ça se sait que t'es une brouteuse de minou.

Tu n'oserais pas, hein, tu n'oserais pas ?... Ça serait terrible !
Je n'ai rien à perdre. Tu te souviens, je ne suis qu'une fille de pauvres. Alors que toi...
Fini le Canada, la super fac, le beau mari. Je te tiens, ma grande.
Pitié, Raya !... Ne détruis pas ma vie, je ferai tout ce que tu veux.

Ma pauvre fille... Tu es tellement pathétique !
Comment ai-je pu tomber amoureuse de toi ?
Vous deux !... Je peux savoir ce qu'il se passe ?
Une histoire de cœur, madame.
Je ne sais pas si Mona pourra s'en remettre.
Moi, si !

C'est ça, riez, soyez heureuses! Il vous faudra plus qu'un diplôme pour espérer vivre dignement dans ce monde d'hommes.
Un monde qui me rejette et me hait tant.
Mais ne comptez pas sur moi pour baisser la tête.
Allez, terminée la tenue d'écolière modèle. Tiens... mais c'est la voiture de la directrice.
Bah, avec tout l'argent du lycée qu'elle détourne, elle peut bien se payer une nouvelle peinture.

PULP FICTION
FIGHT CLUB
Debout! Tu vas manquer ton entretien si tu ne te lèves pas tout de suite.
Pense à tous ceux qui n'ont pas la chance d'avoir un lit à eux.
Mamannnn!
Ce sera bientôt ton cas si tu ne trouves pas rapidement un travail pour les vacances.

C'est quoi ton rendez-vous, ce matin ?
Une boîte de com'. Ils ont besoin d'une assistante pour cet été.
Attends, laisse-moi attacher correctement ton foulard. On voit bien que tu n'as pas l'habitude.
Eh oui, ta fille est une mauvaise musulmane.
Si tu avais une tenue plus décente et des cheveux bien comme il faut, peut-être que tu trouverais plus facilement un emploi.
Merci pour les encouragements, ça me va droit au cœur.

ÊTRE DÉCENTE... EN IRAN, ÇA VEUT DIRE...
... SE SOUMETTRE EN PERMANENCE À UN POUVOIR PATRIARCAL RÉTROGRADE. C'EST UN MIRACLE SI NOUS NE DEVENONS PAS TOUTES FOLLES.
femmes
TIENS, L'EXEMPLE TYPE DE CE QUE NOUS DEVONS SUBIR AU QUOTIDIEN.
CET HOMME ENTRE DANS LA PARTIE DU BUS RÉSERVÉE AUX FEMMES.
IL N'A PAS LE DROIT MAIS ON NE PEUT RIEN DIRE. SI NOUS RESTONS ASSISES PRÈS DE LUI, CE SERONT NOUS LES FAUTIVES, LES FEMMES DE MAUVAISE VIE.

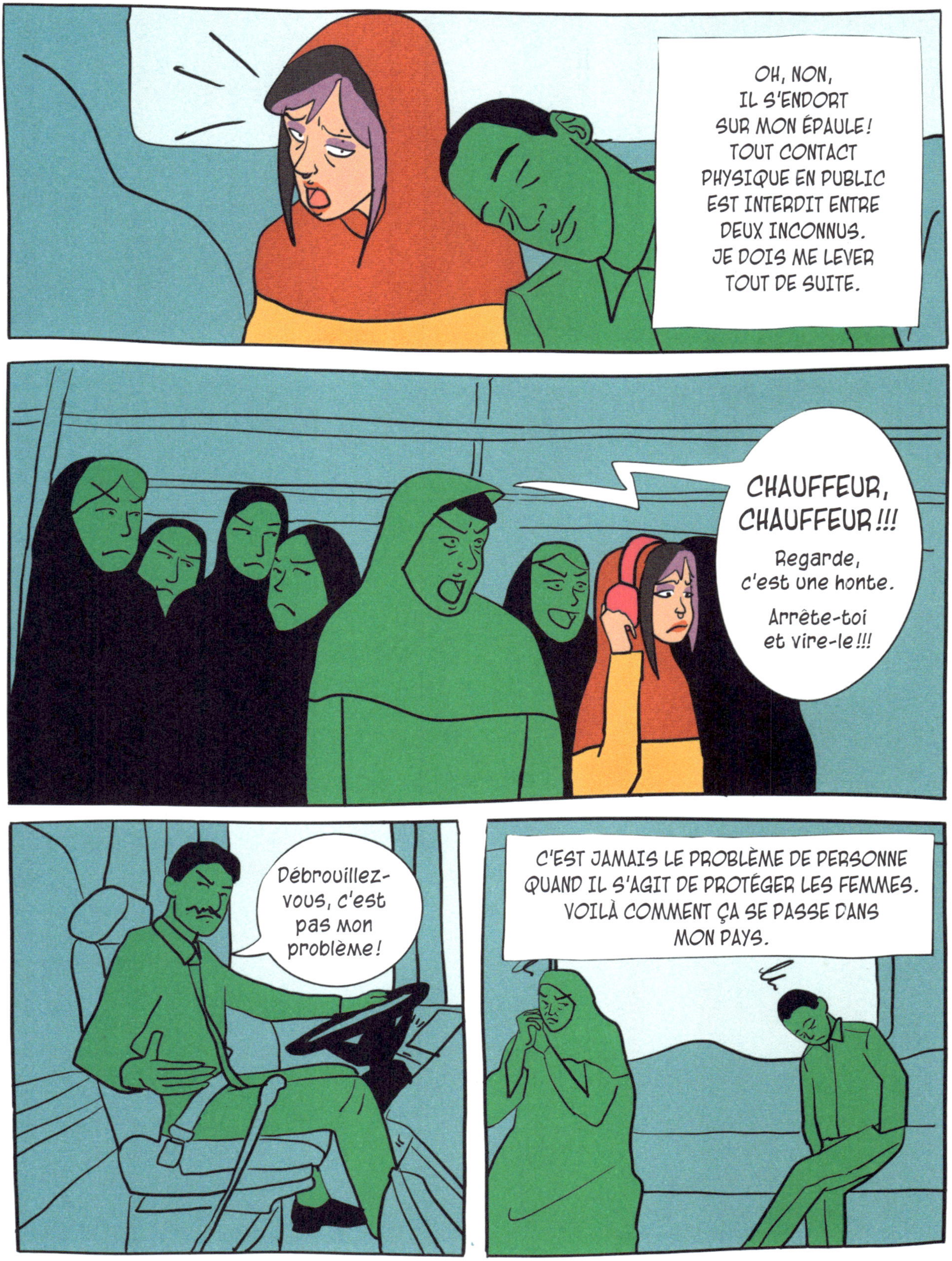
OH, NON, IL S'ENDORT SUR MON ÉPAULE ! TOUT CONTACT PHYSIQUE EN PUBLIC EST INTERDIT ENTRE DEUX INCONNUS. JE DOIS ME LEVER TOUT DE SUITE.
CHAUFFEUR, CHAUFFEUR !!!
Regarde, c'est une honte.
Arrête-toi et vire-le !!!
Débrouillez-vous, c'est pas mon problème !
C'EST JAMAIS LE PROBLÈME DE PERSONNE QUAND IL S'AGIT DE PROTÉGER LES FEMMES. VOILÀ COMMENT ÇA SE PASSE DANS MON PAYS.

C'est la première fois que je viens dans les beaux quartiers du centre.
Ah… c'est au cinquième étage.
Pas la peine d'insister, l'ascenseur ne marche pas.
Il est en panne depuis plus de deux ans. Avec l'embargo américain, impossible d'importer les pièces pour le réparer.
Cinq étages… PFFFF!!!

Bon... jour... excusez-moi pour le retard... les escaliers... pas l'habitude...
Je viens pour le poste d'assistante. J'ai appelé la semaine dernière. Le directeur m'attend.
Voici mon C.V. et des lettres de recommandation de mes professeurs. Je suis hyper motivée et...
Je vous arrête tout de suite, mademoiselle. La place a été attribuée.
Mais... Comment ? C'est impossible !!!

Eh bien, eh bien… C'est quoi tout ce bruit ?
Cette jeune femme vient pour le poste d'assistante.
J'ai oublié de te prévenir. Navré.
Tu aurais dû m'envoyer une photo, ça aurait pu tout changer. Dommage…
Laisse-moi ton numéro de téléphone, on ne sait jamais.
Mais… AÏÏÏE !!!
On ne t'a jamais appris à respecter les femmes ?!
Je vais te donner une leçon…

Répète après moi : la femme est mon égale, je n'abuserai plus jamais d'elle.
Mais c'est faux, la femme n'est pas l'égale de...
Tu n'as pas bien compris.
La femme est mon ÉGALE !!!
Et pour ton info, tu n'es pas mon genre.
Loin de là.

Alors, ce numéro, tu me le donnes ou pas ?
On se reverra, j'en suis sûr.
Un conseil : s'il t'appelle, ne décroche pas.

Je lui ai donné un faux numéro.
Mais merci quand même, j'apprécie.

Le poste d'assistante que tu voulais, c'est moi qui l'ai eu...
Mais alors, tu as...

Oui. Tu sais, j'ai un loyer à payer.

Bon, ça, c'est fait ! Pas de job, pas de salaire...
Donc pas de billet d'avion et surtout pas de visa.
Et bien sûr, il se met à pleuvoir.
Maman doit avoir raison, le ciel est contre moi.
Ça semble pourtant si simple quand on est riche.
Allez, pour une fois, moi aussi je suis une grande dame.
Je me paye un taxi pour rentrer.
C'est tout ce que j'ai. Ça devrait suffire...

DEUX HEURES PLUS TARD.
Oh non, la minuterie !!!
Je n'y vois plus rien !
BOUM !!!
C'est quoi tout ce boucan ?
RAYA !!!

Pas un mot, s'il te plaît. Pas maintenant.
Mais... Tu as bu ?! Tu empestes l'alcool !
Eh oui, je suis une alcoolique.
Comme papa... Et j'en suis fière !

PUNK 4 LIFE
Je t'ai appelée toute la journée. Pourquoi tu n'as pas décroché ?
J'étais morte d'inquiétude. Je t'imaginais arrêtée par la police à cause de tes cheveux.

PUNK 4 LIFE
Regarde-toi, tu es trempée. Tu n'as pas pris le bus pour rentrer ?
Mais parle-moi.
Réponds !!!

Je suis nulle, maman. J'échoue dans tout ce que je tente.
Ça s'est si mal passé que ça, ton rendez-vous ?
Ils ne veulent pas de moi.
J'ai pris un taxi. Mais comme je n'avais pas assez d'argent pour tout le trajet, le chauffeur m'a foutue dehors à dix kilomètres d'ici. Sous la pluie !
Tu parles d'une rebelle... Jamais je ne réussirai à quitter ce pays.

Tu crois que tu seras plus heureuse là-bas ?...
À Paris...
PARIS
OME
PARIS
OME
Paris, Rome, Istanbul, n'importe où plutôt que chez nous.
PARIS
OME
Quelque part où je pourrai être moi-même, où je ne craindrai plus d'être arrêtée pour ce que je suis.

Quelle conne ! Croire que j'économiserai assez pour fuir alors que je n'ai même pas un job.
Je m'imaginais spéciale, plus maligne que les autres. Tu parles... Je vais finir ma vie dans le quartier où je suis née. C'est minable !
ROCK
Art
Euh, je ne dis pas ça pour te critiquer, maman.
PUNK
ROCK
FREEDOM
ART

PARIS
Je ne me vexe pas.
Je sais que tu ne veux pas vivre
comme moi.
Mais je t'interdis
d'abandonner
ton rêve.
PARIS
Tu réussiras
à voir Paris,
j'en suis
certaine.
Euh,
merci,
maman.
PARIS
Pour
commencer,
je dois
absolument
trouver un peu
d'argent.

Tu as fait QUOI ????
Tu as vendu ta guitare !
Mais tu l'adorais...
Tu écrivais même des super chansons...

Pas le choix. Il fallait que je renouvelle l'abonnement de mon VPN.
Sans ça, impossible de me connecter librement à internet et trouver des contacts à l'étranger pour mon grand projet.

Alors, c'est pour de bon, tu nous abandonnes ? Tu te barres. Et comment je vais faire sans toi ?

Remarque, avec tout l'argent de ta guitare, pas sûr que tu ailles très loin.
Arrête ça ! C'est tout ce que j'ai.

Je sais qu'il m'en faut plus pour payer le visa.
Combien ils t'ont donné ?
Six billets d'un million de rials ! Wow, t'es millionnaire, ma grande ! Ça doit bien faire dans les 150 euros.

J'aurais bien aimé qu'ils me payent directement en euros ou en dollars, mais c'est interdit.
Un conseil, dépense vite cet argent.
Avec notre inflation galopante, bientôt tes gros billets ne vaudront pas plus que du papier chiotte.

Même si c'est peu, ça suffit pour tenter plus d'un sale type.
Comme celui derrière moi. Il n'arrête pas de nous observer.
T'es trop parano. Détends-toi. Il admire juste ta beauté sauvage.
Mais, c'est pas vrai! Il ne va quand même pas m'empêcher de fumer, ce gros réac ?!

Tous ces hommes autour de nous n'acceptent toujours pas de voir une femme avec une cigarette en public.
Pour eux, on est juste bonnes à faire des gosses et leur obéir.
Ne leur en veux pas. Il y a encore dix ans, c'était inimaginable.
Avec toi, ils vont être déçus, hahaha !

C'est ça, tirez-vous ! Vous ferez moins les malins quand la jeunesse reprendra le pouvoir dans ce pays !
Alors, comme ça, tu souhaites la fin de notre république islamique...
Ne t'inquiète pas, je ne dirai rien à personne, et puis...

... je suis d'accord avec toi.
Ne fais pas attention aux autres clients, ils sont loin et ne peuvent pas nous entendre.
HMMM, c'est super que tu sois d'accord avec nous mais...
Le gouvernement est corrompu et ne sert plus les intérêts du peuple.
J'ai jamais dit ça. En réalité, c'est plus compliqué...
Notre pays a besoin d'une nouvelle révolution, celle du prolétariat. Tu n'es pas de mon avis ?

Dis-moi, Hassan, ce ne serait pas l'heure d'aller à notre rendez-vous ?
Hein, quoi ?!
Attendez, je n'ai pas fini. Je vous paye un café, si vous voulez.
Mais oui, Hassan, notre cours de... guitare. Tu te souviens ?
Ah, oui. J'avais oublié.
CAFE
Vous reviendrez ?
Tu t'appelles comment ?
Mona. Je m'appelle Mona.

Il est sorti ?
Oui, oui. Avance plus vite…
Sérieusement ? Hassan ?
T'as une vraie tête de Hassan. Et moi, tu me trouves comment en Mona ?

On devrait faire ça plus souvent. Hassan et Mona, les deux rebelles de Téhéran.
Quel pays de fous ! On doit se méfier de tout le monde. Peut-être que ce type était un mouchard des services de sécurité.
Ou seulement un gars désespéré, comme toi et moi.
Regarde ce qu'ils ont fait de nous... Un peuple de névrosés qui vit dans une angoisse permanente.
VIVE LA RÉPUBLIQUE ISLAMIQUE
METRO
Comme les Russes sous Staline.

Hé, Raya.
On ne peut pas continuer comme ça.
Ne leur faisons pas ce cadeau.
Ne nous renions pas.
Pour une fois, cessons...
... d'avoir peur.

Je t'emmène au paradis.
Je ne crois pas au paradis, Kian.
ORMUZ
Tu as tort. Il existe, j'y suis déjà allé. Avec des reporters de la BBC, le mois dernier.
Peu importe où c'est, j'en ai pas les moyens.
ORMUZ
T'inquiète, je m'occupe de tout.
TICKET METRO

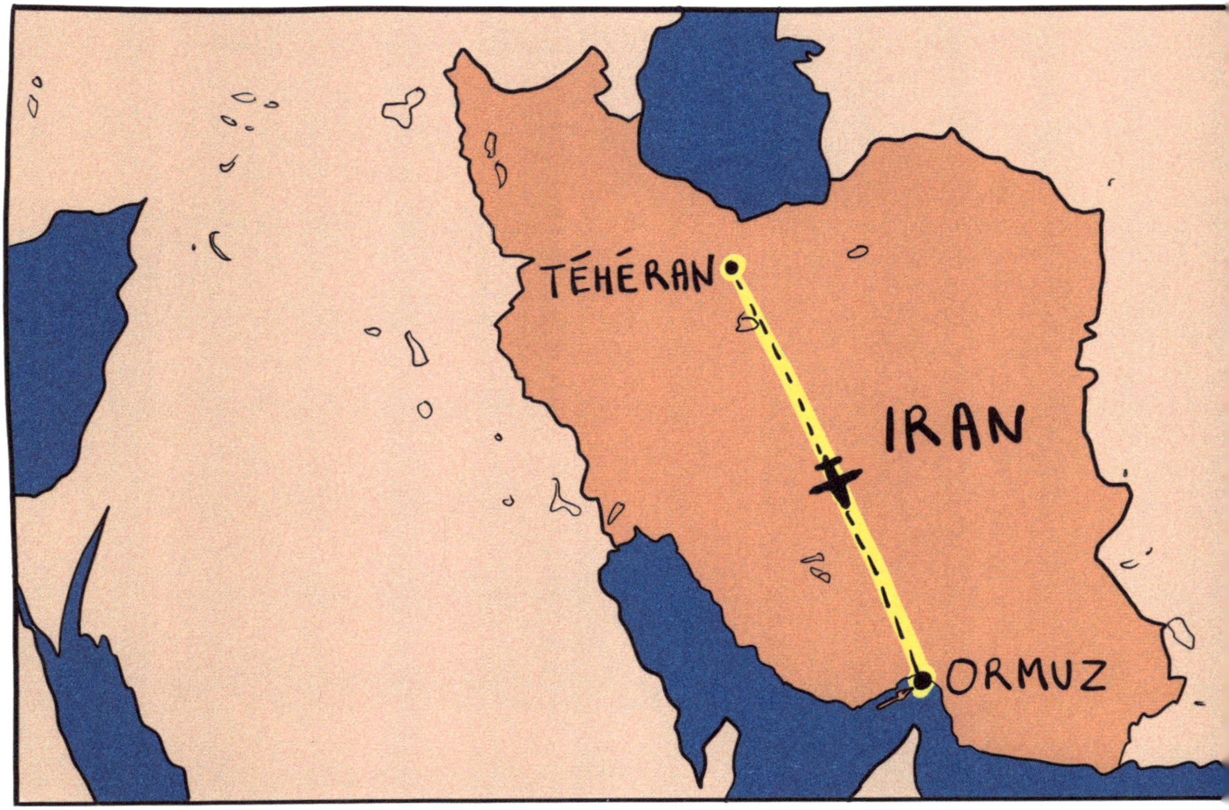
TÉHÉRAN
IRAN
ORMUZ

Mais oui, maman, je serai prudente.
IRANA
Je sais... Ormuz est loin de Téhéran.

Avec qui je pars ?

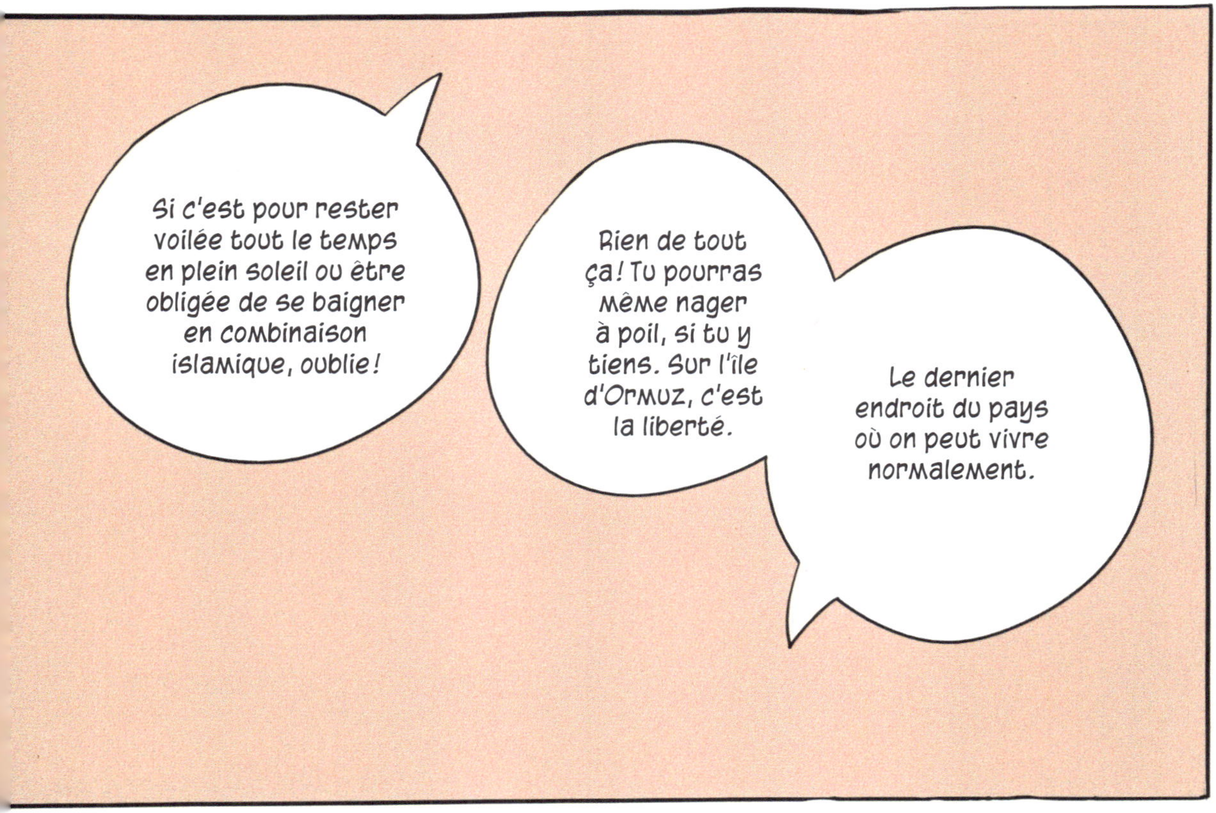
Si c'est pour rester voilée tout le temps en plein soleil ou être obligée de se baigner en combinaison islamique, oublie !
Rien de tout ça ! Tu pourras même nager à poil, si tu y tiens. Sur l'île d'Ormuz, c'est la liberté.
Le dernier endroit du pays où on peut vivre normalement.

Avec une amie. Euh... avec Hoda.
Non, je ne voyage pas avec un garçon.

Tu m'appelleras quand tu arriveras, ma fille ?
Promis, maman !
Je viens d'atterrir. Oui, le vol s'est bien passé.
On attend nos bagages et ensuite, on prend le ferry.
Non, je ne peux pas te passer Hoda. Elle est partie faire pipi.

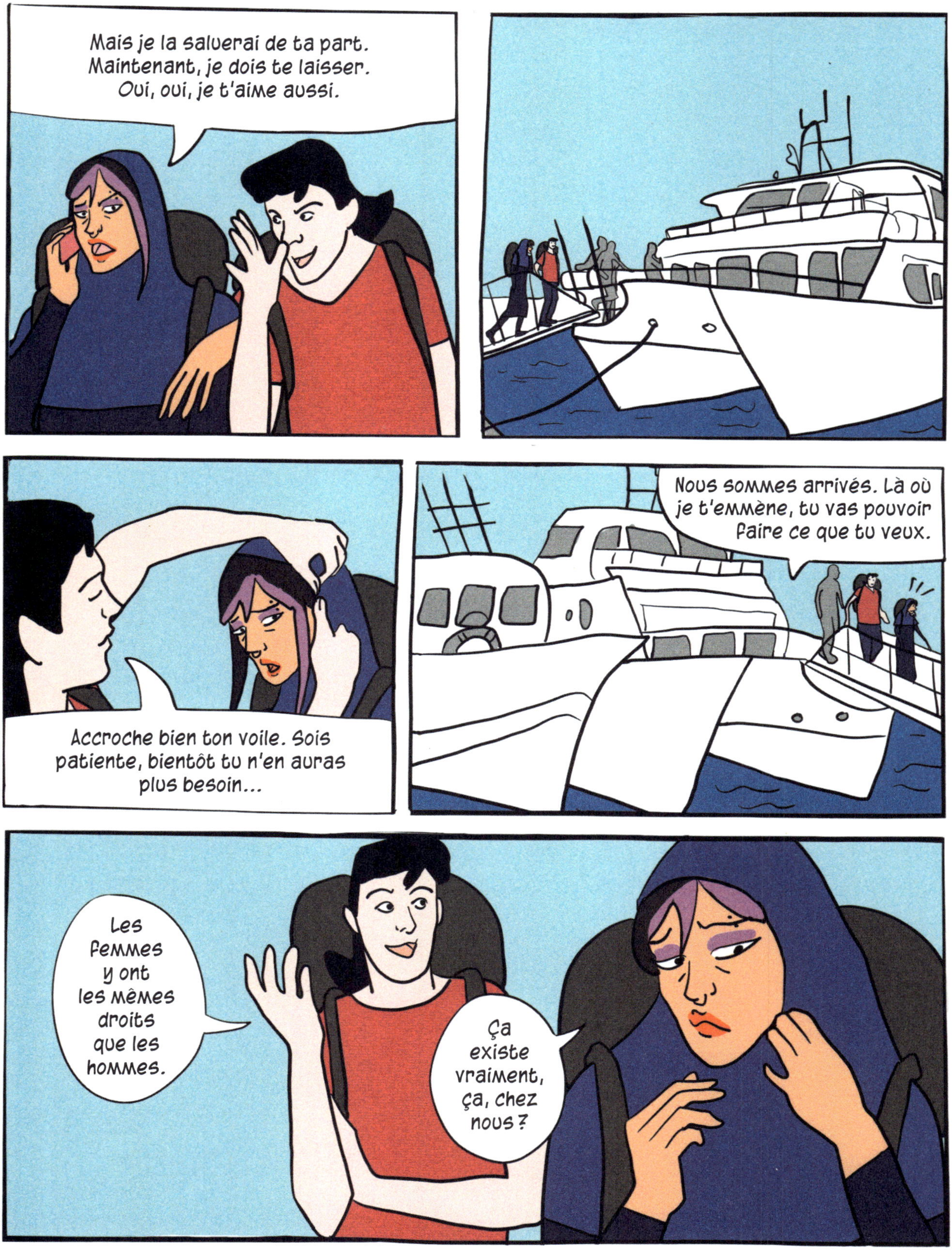
Mais je la saluerai de ta part. Maintenant, je dois te laisser. Oui, oui, je t'aime aussi.
Accroche bien ton voile. Sois patiente, bientôt tu n'en auras plus besoin...
Nous sommes arrivés. Là où je t'emmène, tu vas pouvoir faire ce que tu veux.
Les femmes y ont les mêmes droits que les hommes.
Ça existe vraiment, ça, chez nous ?

Hmm, je ne ressens pas vraiment cet air de liberté que tu m'as vendu.
Les mêmes affiches qu'à Téhéran, les mêmes slogans...
Kian, j'ai comme un gros doute. Ton paradis, c'est en réalité le même enfer que partout.
Femme de peu de foi...

Tu te trouves encore au purgatoire. Attends de quitter le débarcadère du port.
Le royaume des cieux, ça se mérite. Pour le rejoindre, il faut encore faire quelques kilomètres.
J'espère que tu n'as pas peur de la vitesse.
Tu veux jouer à ça ?!
Voyons celui qui va le plus vite.

Alors, mon amazone, ça t'a plu ?
Ouaaahhh ! C'était trop bien. Attends, je réajuste mon foulard.
Tttt, retire-moi ce truc. Ici, ce n'est pas nécessaire.
On y est presque. Juste en bas... Mes amis nous attendent.
UNE FEMME SANS VOILE EN PUBLIC EN IRAN. ET SI KIAN AVAIT RAISON ? ET SI LE PARADIS EXISTAIT BEL ET BIEN.

Raya… Je te présente l'ultime refuge des gays, des lesbiennes, des fumeurs de pétards, des révoltés. Bref de tout une jeunesse qui ne trouve plus sa place en Iran.

Pas de police des mœurs, mademoiselle. Ni de vieilles peaux pour nous dénoncer. On va passer une semaine de rêve.
Installons notre tente là-bas, derrière ce rocher. Ça te va ?
Quel pied !!! On va s'éclater nuit et jour. Je vais enfin VIVRE !!!
Ne vous inquiétez pas, messieurs-dames, c'est juste un excès de bonheur !

Ça y est, tu t'es mise en maillot de bain ?
Quel maillot ? Tu m'as dit que tout était permis sur cette île.
Mais qu'est-ce que tu...
Ah, tu le prends comme ça ?! Tu vas voir...

T'es vraiment unique. Tu te fous à poil devant un mec.
Mais t'es pas un mec, t'es Kian!
Kian... Là-bas... Il y a quelqu'un sur la plage. Il nous mate!
Si jamais un jour, je dois épouser un homme, ce sera toi.
C'est bizarre, il ne répond pas quand on lui fait signe.

Tu avais raison... Il y avait bien quelqu'un. Il a laissé un mégot.
On était nus... Tu crois que ça peut poser un problème ?
J'espère que c'était juste un pêcheur qui voulait se rincer l'œil.

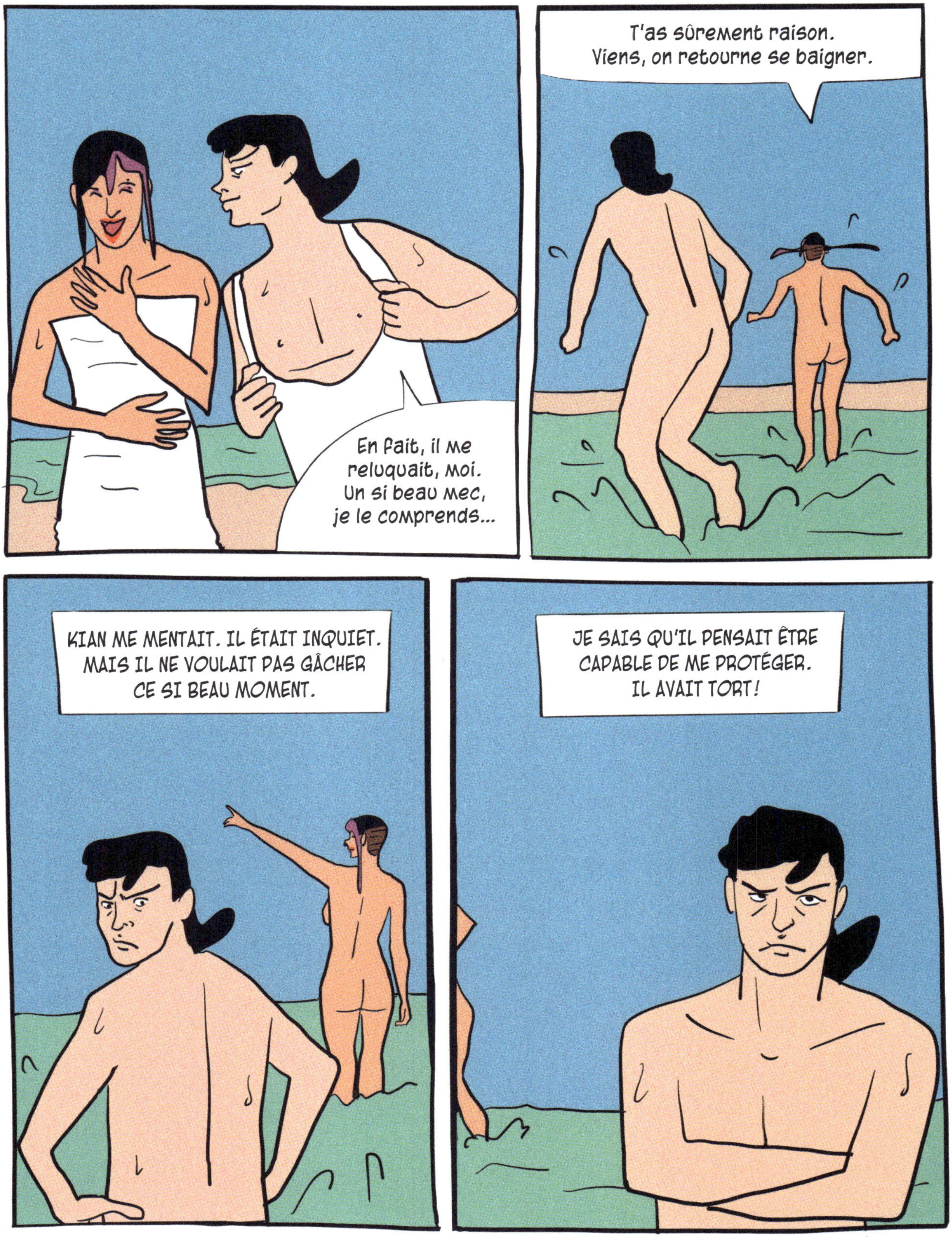
En fait, il me reluquait, moi. Un si beau mec, je le comprends…
T'as sûrement raison. Viens, on retourne se baigner.
KIAN ME MENTAIT. IL ÉTAIT INQUIET. MAIS IL NE VOULAIT PAS GÂCHER CE SI BEAU MOMENT.
JE SAIS QU'IL PENSAIT ÊTRE CAPABLE DE ME PROTÉGER. IL AVAIT TORT !

LE LENDEMAIN MATIN.
Il pue ton joint ; ça m'a réveillée.
Tu vas bien ?
T'es resté dehors toute la nuit ?
Il y a un truc qu'il faut que je te dise...

Il y a deux ans, un ex petit copain m'a dénoncé.
Les flics m'ont arrêté et m'ont proposé deux options...
Soit je leur sers d'indic...
Soit je suis jeté en prison pour homosexualité.
Oh, non! Kian... Je suis désolée. Je ne savais rien de tout ça.
Résultat, j'espionne les journalistes pour lesquels je travaille. Ça fait deux ans que ça dure.

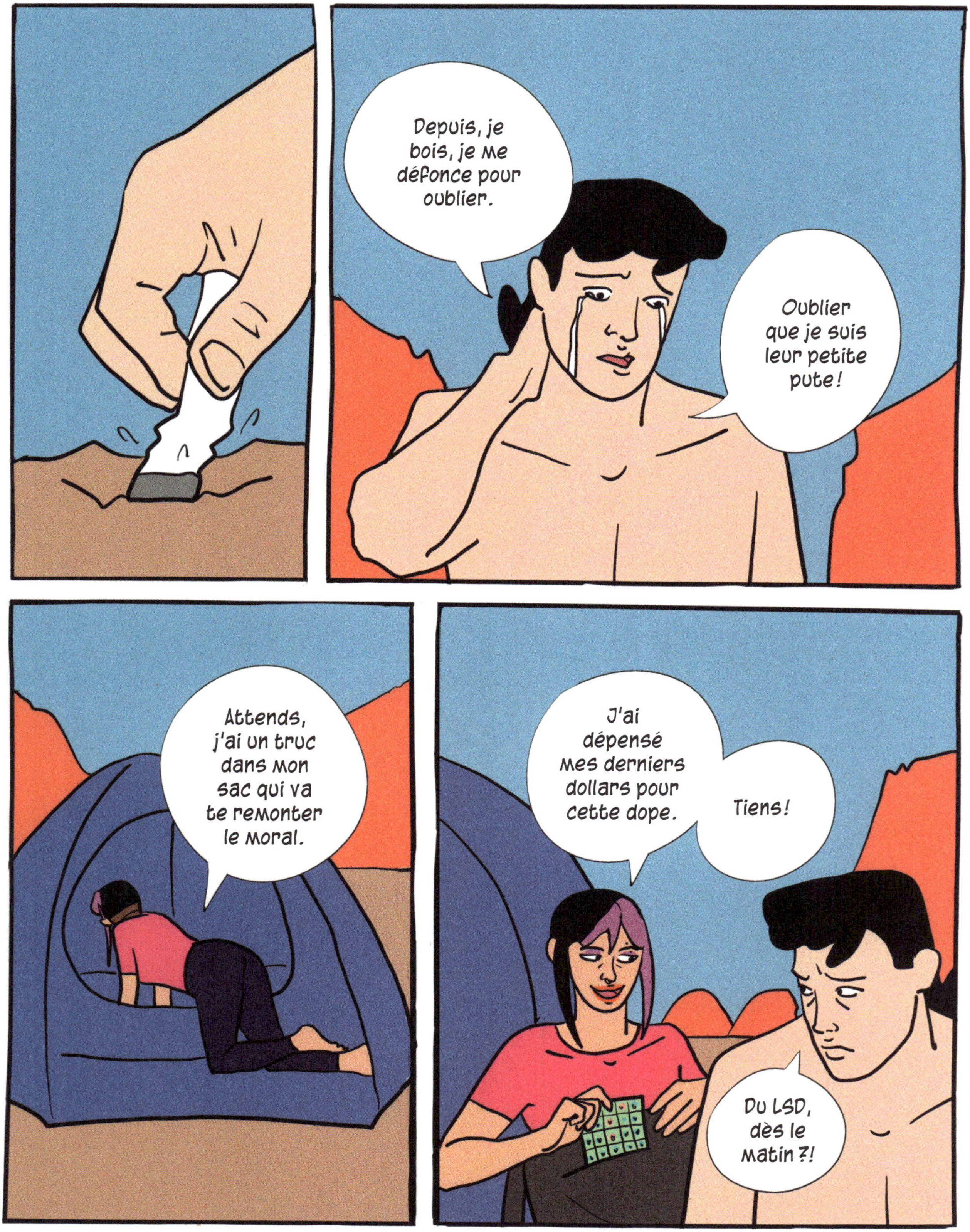

Depuis, je bois, je me défonce pour oublier.
Oublier que je suis leur petite pute !
Attends, j'ai un truc dans mon sac qui va te remonter le moral.
J'ai dépensé mes derniers dollars pour cette dope.
Tiens !
Du LSD, dès le matin ?!

Carrément!
Qu'ils aillent tous se faire foutre! Personne ne nous empêchera de vivre notre jeunesse à fond.

Dis, Kian, comment on s'y prend pour changer le monde quand on a 19 ans ?
En faisant une nouvelle révolution.
Un jour, Raya, les Iraniens descendront dans la rue pour dégager ce régime pourri.
Je n'aime pas les révolutions.
Il y a 40 ans, nos aînés ont chassé la tyrannie du Shah...

Et maintenant on a quoi ?
La tyrannie des Mollahs et de leurs fanatiques.

QUELQUES HEURES PLUS TARD, AU MARCHÉ LOCAL D'ORMUZ.
Tout a l'air si bon. J'ai une faim de louve !
Jolie voyageuse, un tatouage pour toi... Très joli et pas cher...
Hé, Kian, tu m'en payes un ?!
J'en ai toujours rêvé.

Celui-là, tu peux le faire sur la main. C'est du henné, il partira dans quelques jours.
Comme ça, on emmerde les religieux et leurs interdits à la con !
À ta place, je baisserais d'un ton.
T'es de la police, Ducon ?!
Euh... Kian, tu fais quoi ?! T'es fou !
Pas d'inquiétude, c'est Javid, une vieille connaissance !
Alors, crapule... T'es de retour sur l'île des péchés ?

Les choses ont beaucoup changé depuis ta dernière visite, Kian.
Les autorités ont peur d'un débarquement des Américains.
Il y a des flics en civil partout.
T'exagères pas un peu ? À part quelques fumeurs de beuh, il n'y a que des cailloux à surveiller.
Tu vois l'horizon... C'est le détroit d'Ormuz. Un quart des exportations mondiales de pétrole passe devant toi.
Si une guerre doit débuter, ça sera là, pile en face.

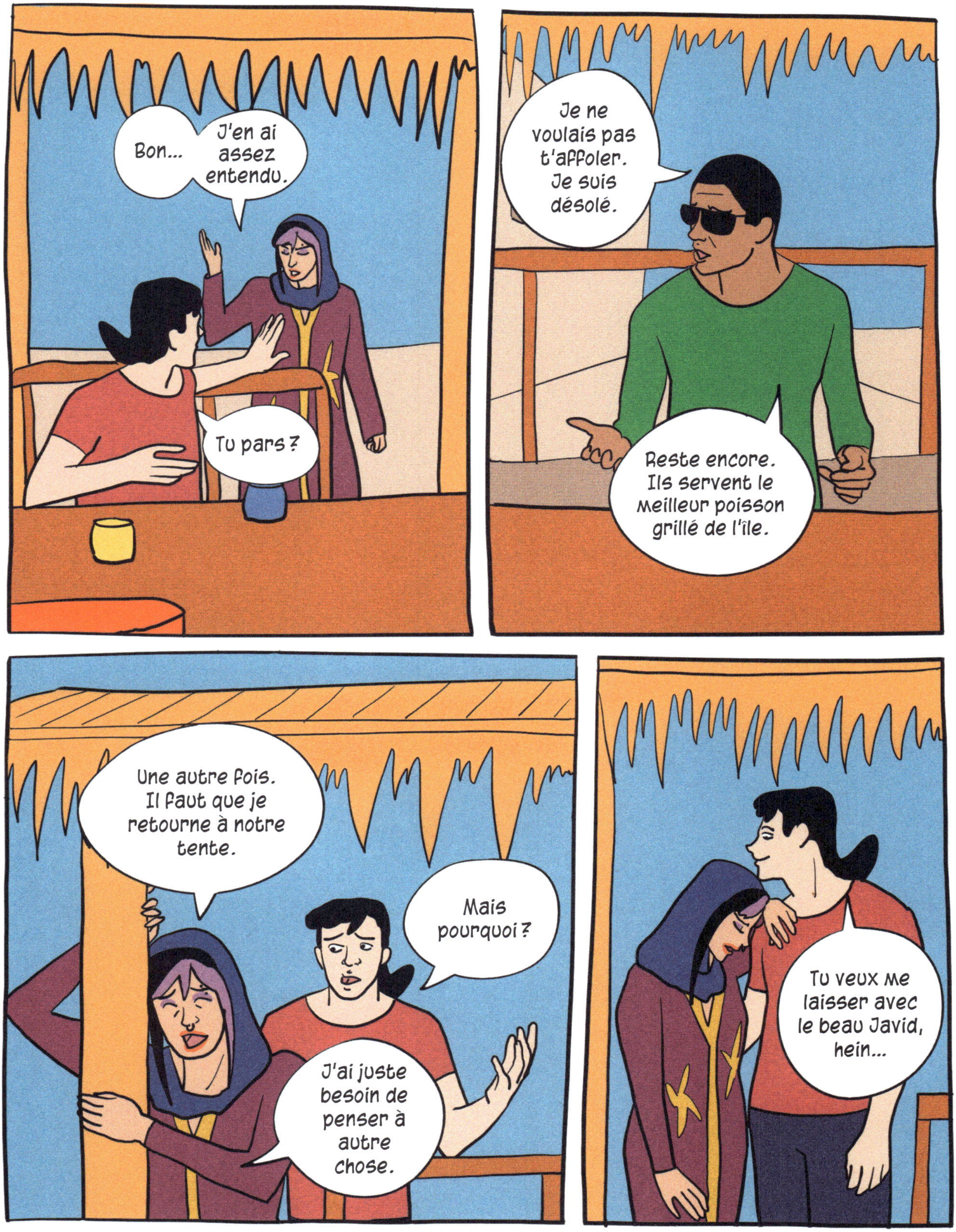
Bon...
J'en ai assez entendu.
Tu pars ?
Je ne voulais pas t'affoler. Je suis désolé.
Reste encore. Ils servent le meilleur poisson grillé de l'île.
Une autre fois. Il faut que je retourne à notre tente.
Mais pourquoi ?
J'ai juste besoin de penser à autre chose.
Tu veux me laisser avec le beau Javid, hein...

Fais pas cette tête, Kian. Rien ne peut m'arriver.
On est au paradis, tu l'as dit toi-même.
Tu la laisses partir toute seule ?
C'est pas raisonnable, Kian. Elle est une proie facile, comme toutes les jolies filles.

Raya sait très bien se défendre toute seule, crois-moi.
Et puis, tout le monde est si gentil à Ormuz.
Si gentil...

UNE HEURE PLUS TARD.
Bon sang ! La tente, que s'est-il passé ?
Raya, où es-tu ?
Je suis là...
Le type d'hier...
Il t'a fait quoi ?!!!!
il m'a presque violée, ce porc. Et il a volé ma tablette.
Ta tablette ?! Mais on s'en fout ! Je t'en paierai une nouvelle.
Tu ne comprends pas ?! Dedans, il y a toutes mes photos : quand j'embrasse des filles, l'alcool, la drogue, tout...!

Rassure-moi Raya, tu avais bien mis un mot de passe pour protéger ta tablette, hein ?!
Non.
Donc, n'importe qui peut y accéder… C'est la catastrophe !
Je sais. C'est pour ça qu'il faut vite se tirer d'ici…
… avant de se faire arrêter.

Ma mère a raison, je vais passer ma vie à avoir peur dans ce pays.

Mentir ou risquer la mort en permanence..
Charmant programme !

Mais... C'est toi, Raya ?
Maman sait que tu es chez moi ?
Euh, non, papa... Elle pense que je suis à Ormuz avec une amie.

Je peux te demander pourquoi tu te trouves là, alors ?
C'est une longue histoire. Berk, ça empeste ! Fais venir une femme de ménage.
Et arrête de boire cette merde d'alcool frelaté.
Si tu me disais plutôt dans quel merdier tu t'es encore fourrée.
MON PÈRE N'A PAS TOUJOURS ÉTÉ AINSI, ENFIN, JE VEUX DIRE L'UN DE CES TYPES QUI PICOLENT DÈS LE MATIN.

SE TUER À PETIT FEU, VOILÀ TOUTE SON AMBITION.
ET LE PIRE, C'EST QUE JE LE COMPRENDS. EN EFFET, NOTRE PAYS NE LUI LAISSE GUÈRE D'ALTERNATIVES.
SA RICHE FAMILLE A ADHÉRÉ AVEC JOIE ET ENTHOUSIASME À LA RÉVOLUTION DE 1979 CONTRE LE RÉGIME IMPÉRIAL. JE CROIS MÊME QU'IL A PARTICIPÉ AUX MANIFESTATIONS CONTRE LA POLICE POLITIQUE DU SHAH.
PERSONNE NE POUVAIT ALORS IMAGINER DANS QUEL CAUCHEMAR NOUS PLONGERAIT LA RÉPUBLIQUE ISLAMIQUE ET QU'UNE NOUVELLE POLICE POLITIQUE SÈMERAIT LA TERREUR À SON TOUR.

TRÈS VITE, MON PÈRE S'EST RENDU COMPTE QUE LE NOUVEAU SYSTÈME ÉTAIT TOUT AUSSI CORROMPU. ET BIEN SÛR, IL N'A PAS PU S'EMPÊCHER DE LE DÉNONCER.
C'EST POUR ÇA QU'IL N'A JAMAIS RÉUSSI À GARDER UN EMPLOI STABLE.
Cesse de critiquer nos dirigeants. Ils sont des hommes de Dieu. Pourquoi ai-je épousé un homme qui ne croit en rien ?
LES CRIS DE MAMAN, JE N'Y FAISAIS MÊME PLUS ATTENTION.
IL A COMMENCÉ À BOIRE POUR OUBLIER QUE CE MONDE NE VOULAIT PLUS DE LUI. IL ÉTAIT DÉJÀ TROP RÉSIGNÉ POUR SAUVER SON COUPLE. TROP RÉSIGNÉ POUR SE SAUVER LUI-MÊME.

ON SE RESSEMBLE TELLEMENT, TOUS LES DEUX...
Je peux rester chez toi cette nuit ?
Toi, tu me caches quelque chose...
Ça va. J'ai juste besoin de me reposer un peu.
Tes cheveux... Une nouvelle couleur ?! C'est bien, c'est bien... Continue de te révolter. Tu es plus forte que moi.
Si c'est le cas, c'est grâce à toi !

PARLONS DE MA GÉNÉRATION...

BIIIPPP !

IL Y A CEUX QUI SE MARIENT SUPER JEUNES POUR SE CONFORMER À LA TRADITION ET À LA RELIGION.
C'est moi, Raya.

D'AUTRES CONTINUENT DE VIVRE CHEZ PAPA-MAMAN JUSQU'À LA TRENTAINE, FAUTE D'ARGENT.
Bon, tu m'ouvres ou pas ?!
LES PLUS COURAGEUX PRÉFÈRENT ACCEPTER DEUX EMPLOIS SOUS-PAYÉS POUR ÉCHAPPER À LEURS VIEUX.
TOUS ONT CESSÉ D'ESPÉRER UNE VIE MEILLEURE ET SE MENTENT À EUX-MÊMES POUR NE PAS DEVENIR DINGUES.
ET PUIS, IL Y A DES FILLES COMME MA SŒUR...
QUI SE TROUVENT UN BON PARTI.

MA SŒUR S'APPELLE ROSHA. ELLE A 30 ANS.
ELLE EST FROIDE, CALME, BOURGEOISE ET RESPECTUEUSE DES RÈGLES.
ELLE S'EST MARIÉE AU FILS D'UN GÉNÉRAL DES FORCES ARMÉES, UN HOMME TRÈS PUISSANT ET TRÈS RICHE.
PAS VRAIMENT UN MARIAGE D'AMOUR ! DISONS PLUTÔT UN PLACEMENT... SUR DU LONG TERME.
ET À PREMIÈRE VUE, ÇA LUI RÉUSSIT PLUTÔT BIEN.
MAIS JE SERAIS BIEN INGRATE DE LUI JETER LA PIERRE. MES ÉTUDES DANS CE BEAU LYCÉE PRIVÉ, C'EST ELLE QUI LES A, EN PARTIE, FINANCÉES.

DE L'ARGENT, C'EST CE QUE JE VIENS LUI QUÉMANDER. POUR MON VISA.
Alors, qu'est-ce qui t'arrive encore ?
J'imagine que c'est grave pour que tu te pointes chez moi à l'improviste.
Eh bien... En fait, j'ai un service à te demander. Un dernier...
Ahhh, tes chères amies... Elles sont toutes là !
Elles m'adorent toujours autant, j'imagine...

La dernière fois, tu les as traitées d'hétéros coincées du cul.
Étonne-toi qu'elles te détestent...
Wow, ton look, ma pauvre !
Ça s'arrange pas.
Tu tiens vraiment à faire peur ?!

Quoi, t'aimes pas mes mèches ? Pourtant, j'ai beaucoup de succès auprès des filles.
Très drôle, Raya ! Hilarant ! Si tu crois me choquer, tu te goures.
PERR
Moi, j'ai compris comment fonctionne le système. Et regarde...
J'ai tout ce qu'il faut, un époux, une belle maison, un enfant, des amies...
Rappelle-moi ce que tu as, toi ?

Laisse-moi t'aider à devenir une vraie femme, à te trouver un bon parti.
NOUS Y VOILÀ...
COMME À CHAQUE FOIS, MA TENDRE ROSHA TENTE DE M'ARRACHER AUX TÉNÈBRES.
JE VOIS LE TABLEAU.
LE COUPLE PARFAIT... DANS UN MONDE BIEN POURRI.

J'AURAIS AUSSI MA PISCINE ET DES AMIES BIEN BOURGEOISES.
SAUF QUE CE N'EST PAS POUR MOI.
JAMAIS. PLUTÔT MOURIR NOYÉE.
Raya, Raya, tu m'écoutes ? Ça va ?

Si tu veux, je peux te présenter des types super bien...
Sans façon.
Tu es si belle, tu auras l'embarras du choix.
C'est gentil, mais non.
Merci pour le Perrier. Ça doit coûter un bras...
Quoi ?
Le Perrier.
Ah, ça... Oui. Enfin, je ne sais pas, c'est...
... ton mari qui paye. J'ai compris. Eh bien je te le laisse, ton Perrier et tout le reste.
Attends, ne pars pas comme ça. Tu venais me demander quoi ?
Rien.
Reste un peu, il pleut...

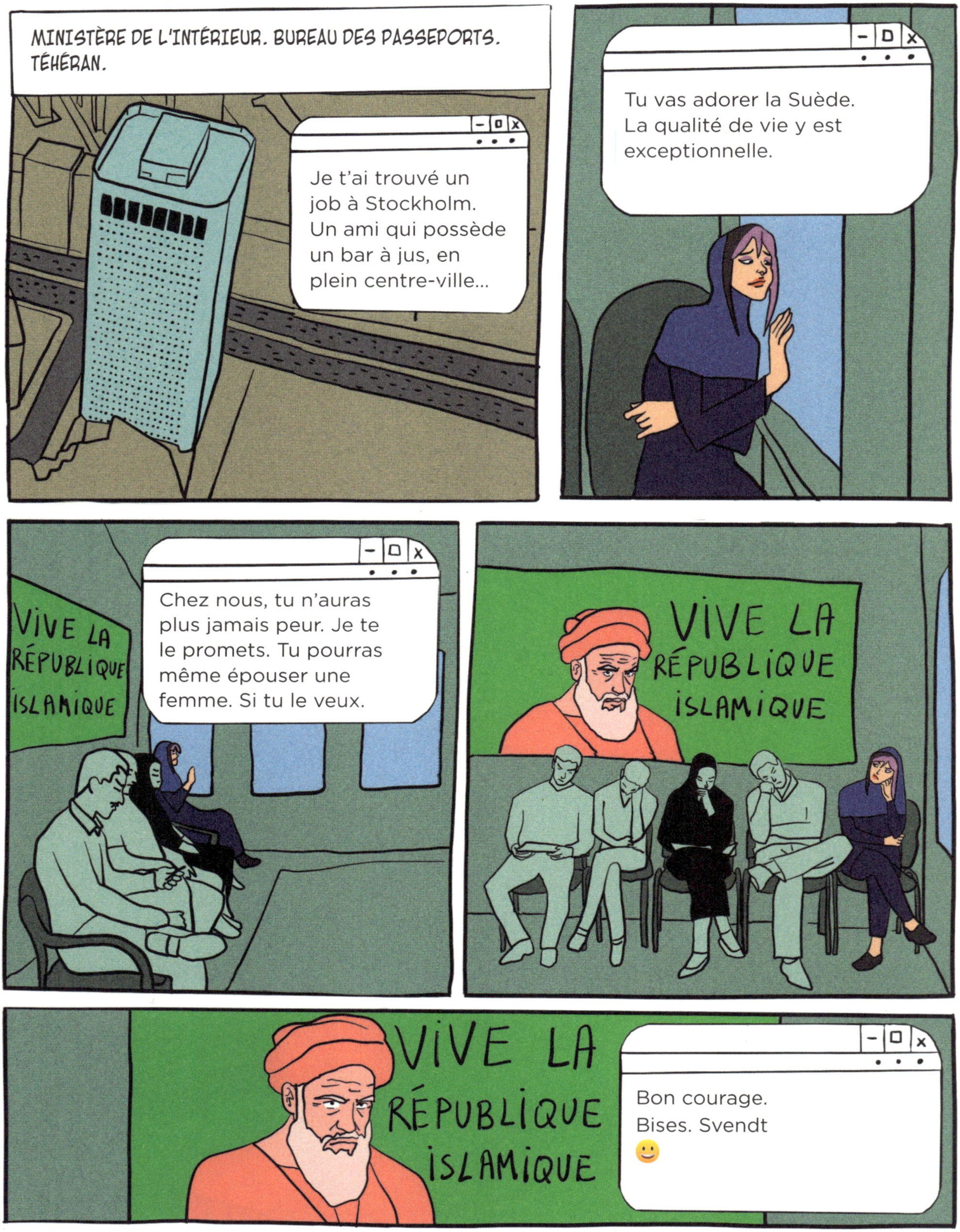
MINISTÈRE DE L'INTÉRIEUR. BUREAU DES PASSEPORTS. TÉHÉRAN.
Je t'ai trouvé un job à Stockholm. Un ami qui possède un bar à jus, en plein centre-ville...
Tu vas adorer la Suède. La qualité de vie y est exceptionnelle.
VIVE LA RÉPUBLIQUE ISLAMIQUE
Chez nous, tu n'auras plus jamais peur. Je te le promets. Tu pourras même épouser une femme. Si tu le veux.
VIVE LA RÉPUBLIQUE ISLAMIQUE
VIVE LA RÉPUBLIQUE ISLAMIQUE
Bon courage.
Bises. Svendt

MA DERNIÈRE CHANCE !
CE SVENDT, C'EST UN AMI IRANIEN RÉFUGIÉ EN SUÈDE QUI ME L'A PRÉSENTÉ. PAR INTERNET, BIEN SÛR.
JE VIENS POUR MON PASSEPORT... J'AI ÉTÉ PRÉVENUE QU'IL ÉTAIT PRÊT.
Vous avez rendez-vous ?
Oui, à 15 h 30. C'est écrit sur ma convocation.

POUR UNE FOIS, ÇA JOUE EN MA FAVEUR D'ÊTRE CÉLIBATAIRE. SI J'AVAIS ÉTÉ MARIÉE, J'AURAIS DÛ DEMANDER L'AUTORISATION DE MON MARI POUR VOYAGER À L'ÉTRANGER.
Tenez... Votre passeport, mademoiselle.
VOILÀ, JE SUIS LIBRE DE QUITTER MON PAYS.
ET DE NE PLUS REVENIR.
ISLAMIC REPUBLIC OF IRAN
PASSPORT
DE FUIR...
ISLAMIC REPUBLIC OF IRAN
RAYA
SEX: F
01/02/2024
31/01/2029
<<RAYA

TOUS CES GENS, LÀ, DEVANT MOI, ILS ESPÈRENT EUX AUSSI ÉCHAPPER À CE CAUCHEMAR.
JE PEUX FACILEMENT DEVINER LEUR PARCOURS.
ELLE, JE L'IMAGINE BRILLANTE ÉTUDIANTE EN DROIT. SA FAMILLE L'A OBLIGÉE À SE MARIER ET À AVOIR UN ENFANT ALORS QU'ELLE N'A PAS 20 ANS.
LUI, AVEC SON ANGLAIS PARFAIT, IL EST SÛREMENT UN PETIT GÉNIE DE L'INFORMATIQUE, CAPABLE DE HACKER N'IMPORTE QUEL SYSTÈME CODÉ.
QUANT À EUX, CE SONT PEUT-ÊTRE LEURS COUSINS EXILÉS EN ALLEMAGNE OU EN TURQUIE QUI LES ONT CONVAINCUS DE LES REJOINDRE.
TOUS, ILS SONT L'AVENIR DE L'IRAN, L'ÉLITE D'UNE NATION. MAIS TOUS, ILS VONT PARTIR, D'UNE FAÇON OU D'UNE AUTRE.
ET SANS ÉLITE, PAS D'OPPOSITION, PAS DE CHANGEMENT !

Toi, le vieux, il faut que je t'avoue un truc...
Je crois que ta république islamique et moi, ça ne le fait pas.
J'ai même pensé à demander l'asile politique sous prétexte que je suis lesbienne et donc menacée de mort.
Eh oui, lesbienne. Je baise avec des filles, tu ne le savais pas ?!
Ça t'arrangerait bien, toi, que je quitte le pays... Qu'il ne reste plus en Iran que des fous de Dieu, comme toi.

C'est ça ce que tu veux, ce que vous voulez tous...
Mais, même pas en rêve !
Je ne fuirai pas. Ce monde, c'est le mien, je le changerai de l'intérieur, je résisterai !
Rien n'est éternel. Surtout pas ce régime à bout de forces.
Et je veux être là pour me marrer quand il tombera.
LA JEUNESSE VA VOUS BOTTER LE CUL, LES VIEUX CONS !
IL SUFFIRA DE QUELQUES ÉTINCELLES...
MAHSA
Femme Vie Liberté
MAHSA AMINI
Femme Vie Liberté

tice
MAHSA A MINI
vie
libe
BATTUE À MORT, ELLE DÉCÉDERA TROIS JOURS PLUS TARD.
LA JEUNESSE EST SPONTANÉMENT DESCENDUE DANS LES RUES...

femme
L'UNE DE CES ÉTINCELLES, CE FUT LA MORT D'UNE JEUNE IRANIENNE DE 22 ANS, MAHSA AMINI.
13 SEPTEMBRE 2022, LA POLICE DES MŒURS ARRÊTAIT DANS LE MÉTRO MAHSA AMINI POUR « PORT DE VÊTEMENT INAPPROPRIÉ ».
...POUR HURLER SA COLÈRE.
LIBERTÉ
ET SI LE GRAND JOUR ÉTAIT ENFIN ARRIVÉ ?!

Barrons-nous, Kian, ils arrêtent tout le monde !
BOOM
BOOM
BANG
POLICE
C'est bon, ils s'éloignent.
Ils tiraient à balles réelles, c'est dingue !!!
S'ils nous trouvent, on est morts.

J'ai tout filmé. Et toi ?
Mon téléphone est trop vieux. Mais, le tien, c'est top. Il faut mettre ça sur internet.
Et si j'envoyais tout à mes contacts journalistes en Europe et aux États-Unis ?!
À fond ! Balance sur les réseaux sociaux.
Le monde entier va voir que la jeunesse iranienne se bat pour sa liberté.
Je reprends espoir, Kian. Je sens que, cette fois, ce sera la bonne.

Ouf, vous êtes là ! Personne n'est blessé ?
Ces enfoirés, ils lancent des gaz lacrymo.
Oui, c'est irres-pirable.
Et Saman, il n'est pas avec vous ?
Saman ?... J'sais pas. Il doit être encore là-bas...
J'y retourne. Il faut le retrouver et continuer la lutte.
Vous venez ?
Ok, on va se filmer.
Raya, tu as envie de devenir célèbre ?

Célèbre ? En fait, pas vraiment…
C'est bon, la voie a l'air libre.
Allez, suivez-moi, c'est le moment ou jamais d'entrer dans l'histoire.

POLICE

liberté
Yes! Brûle ton foulard!
MAHSA AMINI
MAHS

Vite, ils vont nous rattraper!
00:50
C'est le plus beau jour de ma vie.
AHSA
MINI
liberté

JE M'APPELLE RAYA ET CECI EST MON HISTOIRE. MAIS AUSSI L'HISTOIRE DE MILLIERS DE JEUNES IRANIENS.
ILS PEUVENT BIEN NOUS TUER, NOUS BRÛLER VIFS, D'AUTRES PRENDRONT LA RELÈVE.
JE N'AI PLUS PEUR. NOUS N'AVONS PLUS PEUR CAR NOUS SAVONS QUE NOUS FINIRONS PAR VAINCRE.

Un grand merci à Sophie pour avoir cru en moi pour ce projet ;
un énorme merci à Aran qui m'a fourni plein de détails
tout au long de sa réalisation ; mes profonds remerciements
à Éric, ce grand journaliste, pour son magnifique scénario et
sa patience, ainsi qu'à Julien et toute l'équipe Marabout.

Zainab

Un grand merci également à Sophie et Julien pour avoir soutenu
immédiatement ce projet. Et un super merci à Zainab pour s'être
investie autant dans cette histoire folle.
Je n'oublie pas Aran sans qui rien de tout cela n'aurait été possible.
Respect à son immense courage.

Éric

Éric Darbré est grand reporter depuis près de 30 ans. Spécialisé dans les questions géopolitiques, il a réalisé une trentaine de documentaires pour la télévision française dont plusieurs ont été sélectionnés dans les plus grands festivals et primés. Il est également scénariste de bandes dessinées et auteur de livres enquêtes. Il a récemment écrit le scénario de *Les Ouïghours, un peuple qui refuse de mourir* qui a remporté le **prix Géopoli'bulles**, décerné par des lycéens en 2024.

Zainab Fasiki est une dessinatrice féministe et activiste marocaine, autrice de bandes dessinées, née à Fez en 1994. En 2022, au Festival international de la bande dessinée d'Angoulême, elle reçoit le **prix Couilles au cul**, décerné à un.e artiste dont l'œuvre fait preuve de courage artistique compte tenu de son pays d'origine. Elle a publié *Hshouma, corps et sexualité au Maroc*, Massot éditions, 2019.

MARABOUT
s'engage pour l'environnement
en réduisant l'empreinte carbone
de ses livres.
Celle de cet exemplaire est de :
1,4 kg éq. CO_2
Rendez-vous sur
www.marabout-durable.fr

PAPIER À BASE DE
FIBRES CERTIFIÉES

Imprimé en Espagne par Graficas Estella
pour le compte des éditions Marabout
Hachette Livre, 58 Jean Bleuzen, CS 70007, 92178 Vanves Cedex

Dépôt légal : septembre 2024
ISBN : 978-2-501-16350-7

160920 1
édition 01